AF466540

GUSTAVE LANSON

L'ÉCOLE NORMALE SUPÉRIEURE

LIBRAIRIE HACHETTE
79, Boulevard Saint-Germain, Paris
1926

L'ÉCOLE NORMALE SUPÉRIEURE

EXTRAIT DE LA
REVUE DES DEUX MONDES
du 1er Février 1926

RÉIMPRIMÉ PAR LES SOINS
de la
SOCIÉTÉ DES AMIS
DE L'ÉCOLE NORMALE SUPÉRIEURE

GUSTAVE LANSON

L'ÉCOLE NORMALE SUPÉRIEURE

LIBRAIRIE HACHETTE
79, Boulevard Saint-Germain, Paris
1926

L'ÉCOLE NORMALE SUPÉRIEURE

On comprendrait mal ce qu'est l'Ecole normale supérieure, le rôle qu'elle a joué dans la vie nationale, et celui qu'elle est encore appelée à jouer, si on ne la situait d abord dans un ensemble d'institutions destinées à assurer le recrutement et la formation de l'élite (1).

Toutes les sociétés qui ont atteint un certain degré de civilisation se trouvent, à un moment donné, en face du problème de la formation du personnel à qui est remise la charge de diriger et d'administrer. Le problème se complique lorsque cette élite n'est point donnée par la naissance, ni désignée par le choix arbi-

(1) Les lecteurs, curieux de connaître par le détail l'histoire de l'Ecole et son rôle au XIXe siècle, n'auront qu'à consulter l'ouvrage intitulé *le Centenaire de l'Ecole normale* (1795-1895), gr. in-8°, Hachette, 1895. Je leur signalerai en particulier, dans ce volume, les deux études très documentées de M. Paul Dupuy, *l'Ecole normale de l'an III* et le *Résumé de l'histoire de l'Ecole normale de* 1810 à 1895. On lira aussi avec profit les discours prononcés à l'occasion du centenaire dans la plaquette qui a paru chez Hachette, ceux notamment de M. Georges Perrot, directeur de l'Ecole, et de M. Poincaré, ministre de l'Instruction publique.

traire d'une autorité despotique, et qu'il faut la recruter par une sélection méthodique en même temps que la former. C'est le cas des sociétés modernes, toutes plus ou moins évoluées vers la démocratie, et qui ont inscrit dans leurs constitutions le principe du mérite personnel. Il s'agit donc de découvrir dans chaque génération, et pour chaque catégorie de fonctions, les individus aptes à devenir des chefs.

Une nouvelle complication a été introduite par le progrès des connaissances et des techniques. On a pu, à certaines époques lointaines, soumettre toute la classe supérieure d'une nation à la même éducation, soit qu'il fût encore possible à une seule tête de loger toute la science de son temps, soit que l'individu, pourvu simplement d'une éducation générale, pût acquérir sans peine et rapidement, dans les emplois divers auxquels il était appelé successivement, les compétences spéciales que leur exercice requérait, soit enfin que, conservant encore le prestige mystique de la naissance, le chef pût abandonner aux subalternes le soin d'acquérir les capacités nécessaires pour réaliser ses volontés.

Ces temps-là sont passés sans retour. Au cours des trois ou quatre derniers siècles, les sciences, les arts, les organismes sociaux ont reçu de tels développements qu'il n'a plus été possible de se flatter de former une élite homogène, apte à satisfaire à tous les besoins de la société. Il a fallu former des élites spéciales, et donner à chacune une éducation différente en vue du mode d'activité qui lui serait assigné. Tout ce qu'on a pu faire, dans une mesure plus ou moins large et avec plus ou moins de succès selon les époques et les pays, ç'a été de maintenir entre ces élites spéciales une certaine communauté d'esprit, d'habitudes et d'idéal, afin qu'une certaine unité subsistât sous la diversité des cultures et des techniques.

Dans la plupart des pays, notamment dans les pays germaniques et anglo-saxons, la formation des élites a été assurée par les Universités. Ces grands corps, par la multiplicité de leurs enseignements, de leurs séminaires ou de leurs laboratoires, suffisent à l'éducation de toutes les catégories de spécialistes, et en même temps constituent des milieux jusqu'à un certain point homogènes. L'unité qu'ils maintiennent est d'ailleurs une unité sociale plutôt qu'une unité de culture; ils forment un esprit de classe plutôt qu'une communauté d'intelligence.

En France, les Universités, en somnolence depuis la fin du XVIe siècle, disparues dans la secousse révolutionnaire, n'ont été restaurées qu'à la fin du XIXe siècle. La Révolution et le premier Empire ont confié aux *grandes Ecoles* le soin de recruter et de former des élites, et elles ont rempli cette fonction pendant tout le cours du dernier siècle. Ces grandes Ecoles semblaient répondre mieux au besoin moderne de spécialisation qu'au besoin ancien et perpétuel d'une formation homogène. Autant d'écoles, autant d'élites. Le danger était que chacune fût enfermée dans la culture de sa spécialité et prisonnière des habitudes intellectuelles que sa destination lui imposait. Il était à craindre que les esprits, parqués dans des compartiments séparés, n'eussent point de vues sur les domaines voisins, et qu'il n'y eût ni liaison ni communication entre les divers groupes. Notre sauvegarde fut dans la forte constitution de notre enseignement secondaire qui assura partout une base solide de culture générale. La répartition put se faire ensuite sans dommage entre les écoles spéciales. Il faut ajouter que, du moins au début, — et des survivances de l'état primitif s'aperçoivent encore çà et là dans notre régime de spécialisation intensive, — les Ecoles spéciales firent une place à la culture générale. C'est pour cette raison qu'à l'Ecole polytechnique on voit encore figurer au programme des cours un enseignement de littérature et d'histoire.

L'Ecole normale supérieure a pris place dans le plan de réorganisation sociale qui, plus ou moins ébauché par la Révolution, a été réalisé par Napoléon. Mais cette Ecole spéciale a, entre toutes, un caractère singulier. Destinée avant tout à fournir des maîtres à l'enseignement secondaire, on peut dire que sa spécialité consiste à former le meilleur type de culture générale et à développer l'aptitude à transmettre la culture générale. Sa spécialité est de rassembler, de dominer et de relier toutes les spécialités d'enseignements. A l'origine, il n'y a point de distinction entre *littéraires* et *scientifiques*; ce n'est qu'une fois admis à l'Ecole que les élèves se posent la question d'être professeurs de latin et de grec, ou de mathématiques. Plus tard, quand la section des lettres et la section des sciences se recrutent par des concours différents, et même après que le baccalauréat es sciences a été établi, on exige encore des candidats scientifiques le baccalauréat es lettres. D'autre part, au début, les littéraires recevaient un enseignement de mathématiques et de physique. Pendant longtemps la section des lettres tout entière suivit les mêmes cours en première et en seconde année, et ne se sépara en sections spéciales que pour la préparation de l'agrégation. La spécialisation s'est imposée en seconde année vers la fin du siècle dernier, et bientôt après, l'unité de la première année, qui avait toujours subsisté, a été brisée. Puis la réforme de 1903 a introduit la spécialisation jusque dans le concours d'entrée. En revanche, elle a permis à des candidats provenant de la section *latin-sciences* des lycées d'assurer par leur culture scientifique leur succès au concours des lettres, et inversement, à des élèves de la section des lettres d'évoluer, pendant leur séjour à l'Ecole, vers une des sections scientifiques, celle des sciences naturelles.

La section des sciences s'est scindée elle aussi d'assez bonne heure en mathématiciens et physiciens ; une troisième section spéciale est née plus tard, celle des sciences naturelles. Mais il est à noter que les études des mathématiciens et des physiciens demeurent encore aujourd'hui les mêmes pendant la première année.

J'ajoute que, jusqu'à l'organisation d'une section spéciale de langues vivantes, il y a trente ou trente-cinq ans, l'anglais et l'allemand n'étaient traités que comme des instruments de culture générale. L'enseignement de ces deux langues s'adressait aux élèves de toutes les spécialités; et il est regrettable qu'il ait disparu sans compensation. Cet enseignement commun, qui élargissait l'horizon intellectuel de tous les esprits, n'aurait pas fait double emploi avec la section spéciale destinée au recrutement des professeurs de langues vivantes.

Enfin, si chaque élève peut se spécialiser étroitement par ses travaux personnels, les exigences des examens et concours le contraignent toujours à des études d'une large généralité. Car les divisions admises à l'Ecole correspondent à de très vastes provinces du savoir humain : pour les lettres, littératures grecque, latine et française, grammaires de ces trois langues, philosophie, histoire et géographie, langues vivantes; pour les sciences, mathématiques, physique et chimie réunies, zoologie, botanique et géologie réunies.

On peut donc dire que l'Ecole normale a suivi le mouvement général de la civilisation moderne qui imposait dans tous les domaines de la science et de la pratique une spécialisation croissante, mais qu'elle l'a fait, au total, avec mesure, et en conservant l'équilibre nécessaire entre le savoir spécial et la culture générale.

LE RECRUTEMENT DES ÉLÈVES

Tous nos lecteurs connaissent sans doute l'admirable page où Michelet raconte comment, dans sa petite salle de conférences, sous les combles du Lycée Louis-le-Grand, il croyait saisir dans les figures de ses jeunes auditeurs les physionomies vivantes de toutes les provinces dont la variété composait l'unité de la patrie. Cette impression émouvante, tous ses successeurs ont pu depuis un siècle l'éprouver, et depuis quelques années cette variété s'est enrichie d'un type que Michelet n'avait pu connaître ni prévoir, le Français de l'Afrique du Nord, le fils du colon ou du fonctionnaire tunisien, algérien ou marocain.

Michelet aurait pu ajouter que, dans son auditoire de l'Ecole normale, il reconnaissait l'image de ce peuple de France auquel il a consacré un de ses plus beaux livres. En effet, l'Ecole normale, par son recrutement, est peut-être, et a toujours été, la plus populaire, la plus démocratique des grandes Ecoles. Nulle part, je crois, la proportion des jeunes gens issus des classes laborieuses de la nation par rapport au nombre total des élèves n'a été plus forte. On y a vu assurément entrer, de temps à autre, des fils de la haute bourgeoisie, fils de hauts fonctionnaires, de médecins ou chirurgiens des hôpitaux, d'avocats, de financiers, d'industriels. Mais le recrutement a été assuré principalement par la petite bourgeoisie, celle qui se saignait pour instruire le fils unique : petits médecins de ville et de campagne, petits fonctionnaires, modestes gens de loi, employés de toutes sortes, détaillants et artisans de toutes catégories ; Duruy est le fils d'un ouvrier des Gobelins ; Pasteur, le fils d'un tanneur d'une petite ville. Très nombreux ont été toujours les fils de professeurs, mais surtout les fils d'instituteurs. A mesure que le service des bourses d'études dans les lycées et collèges s'est développé et perfectionné, c'est-à-dire à mesure que les bourses plus nombreuses ont été données moins à des clientèles diverses qu'aux enfants les mieux doués de familles peu fortunées, on a vu pénétrer à l'Ecole des éléments de plus en plus populaires, des fils de paysans et de manœuvres. La doctrine si chère à M. Bourget, des étapes nécessaires dans l'ascension sociale d'une famille, s'est vérifiée bien des fois chez nous : l'aïeul, ouvrier ou paysan, le père instituteur, ou petit commerçant, le fils normalien, et — qui sait ? — à la fin membre de l'Institut. C'est ainsi que l'Ecole a contribué, non seulement à faire dans la bourgeoisie la sélection des plus aptes à toutes les activités d'ordre intellectuel, mais encore à accroître les forces vives de la classe dirigeante par l'adjonction des meilleurs éléments que l'instruction pouvait tirer des classes populaires.

LA CONTRIBUTION DE L'ÉCOLE A L'ACTIVITÉ NATIONALE

La question particulière de la formation des maîtres s'était posée pour la France avant que la Révolution ne posât la question générale de la réorganisation nationale d'où devaient sortir les *grandes Ecoles*. La suppression de l'ordre des Jésuites avait ouvert en France pour l'éducation publique une crise à laquelle la Convention avait essayé de porter remède, et qui ne prit fin que par la fondation de l'Université impériale et de l'Ecole normale (appelée d'abord Pensionnat normal).

Le départ des Jésuites avait fait apparaître la nécessité d'organiser le recrutement et la préparation des maîtres qui seraient chargés d'instruire, dans les collèges, les enfants de la noblesse et de la bourgeoisie. Le problème s'élargit devant nos assemblées révolutionnaires : il devint celui de la formation des éducateurs de toute la nation, le primaire n'étant point considéré à part du secondaire. Aussi la Convention rassembla-t-elle, dans l'Ecole normale de l'an III, environ 1.400 élèves qui devaient, après avoir achevé leur période d'instruction à Paris, s'en aller organiser et diriger l'instruction publique dans les départements. L'Empire, restreignant son intérêt à l'éducation de la bourgeoisie à laquelle il devait demander ses fonctionnaires, fondait encore son Pensionnat normal pour 300 jeunes gens. On peut donc penser que tout le personnel des lycées impériaux aurait dû se former dans cet établissement, si l'Empire avait duré et si le décret primitif avait été appliqué à la lettre. Mais, en réalité, il n'entra à l'Ecole en novembre 1810 qu'une cinquantaine d'élèves. Sous la Restauration et le Gouvernement de Juillet, ce nombre fut encore tellement restreint qu'il fut clair qu'on ne demandait à l'Ecole normale que de former des professeurs pour les hautes classes des grands lycées. Son rôle fut, par conséquent, moins d'assurer le recrutement complet du personnel de l'enseignement secondaire que d'y établir un niveau supérieur. N'ayant point de privilège exclusif, l'Ecole stimulait toutes les capacités en dehors d'elle comme chez elle. Au concours d'agrégation (sauf à certains moments) comme aux examens de licence, ses élèves rencontraient la concurrence des étudiants libres, dont les meilleurs pouvaient venir se placer au niveau des normaliens et servir avec eux jusque dans les plus hauts emplois de l'Instruction publique.

Toutefois, jusqu'à la renaissance des Universités, c'est-à-dire jusqu'aux dernières années du XIXe siècle, on peut dire que le corps des agrégés fut composé principalement de normaliens. Ce sont eux vraiment qui donnèrent à l'enseignement secondaire public son niveau, son esprit et ses traditions. Il y eut là un travail silencieux, qui fut accompli pendant plus d'un demi-siècle par des générations de professeurs obscurs et dévoués, à l'œuvre desquels il convient de rendre hommage (1).

C'est aussi de l'Ecole normale, par les grands éducateurs et les grands administrateurs qui en sortirent, que vinrent pour une bonne part les diverses réformes qui adaptaient progressivement l'enseignement public aux idées et aux besoins modernes de la société (2). Il me suffira de citer les noms de ministres comme Victor Cousin, Victor Duruy, Jules Simon, ceux aussi de Gréard et de Liard qui furent les inspirateurs de plusieurs ministres, ceux de pédagogues comme Marion ou Lavisse qui, par leur action, à certains moments modifièrent l'orientation ou l'esprit de l'éducation nationale.

Pendant la longue léthargie des Facultés des lettres, l'Ecole fut une Faculté des lettres vivante, silencieuse et laborieuse, où les méthodes critiques étaient pratiquées et transmises, où le goût de l'exactitude et de la solidité dans les études littéraires était sévèrement entretenu. En étroite union avec la Faculté des sciences,

(1) On prendra une idée de cette œuvre et de tous les mérites, de toutes les vertus qui y ont concouru en feuilletant les notices imprimées chaque année dans l'*Annuaire de l'Association des anciens élèves*. Et cette œuvre se continue.

(2) L'idée d'organiser un enseignement public des sciences, et de traiter les études scientifiques comme ayant une importance et une dignité égales à celles des études littéraires pour la formation de l'esprit, s'est affirmée et réalisée pour la première fois à l'Ecole normale (celle de l'an III d'abord, puis le Pensionnat impérial). C'est ce que M. P. Dupuy a fort bien mis en lumière. (*Note ajoutée pour le tirage à part.*)

de Paris, elle en recevait et lui donnait des maîtres, et la complétait. La renaissance scientifique de la France après 1870 et la restauration des Universités n'ont été préparées nulle part plus efficacement qu'à l'Ecole normale. On ne saurait oublier la part qu'y prit Renan ; mais à côté de lui travaillèrent à la même œuvre Pasteur, Bréal, Boissier, Liard et Dumont. Je n'oublie pas non plus l'Ecole des Hautes Etudes que Duruy avait fondée. Mais lorsqu'il fallut recruter tout un personnel de jeunes savants pour aller étudier à l'étranger dans tous les domaines de l'érudition et de la science et pour occuper les postes de l'enseignement supérieur reconstitué, le plus fort contingent fut fourni par l'Ecole. Ses élèves étaient prêts pour ces tâches nouvelles.

Malgré le développement de l'enseignement secondaire et de l'enseignement supérieur, alors que s'accroissait constamment, et dans des proportions considérables, le nombre des chaires et des enseignements des deux ordres auxquels il fallait pourvoir, l'effectif de l'Ecole normale ne reçut pendant longtemps que de faibles augmentations. En 1870, la promotion littéraire compta 18 élèves et la promotion scientifique 10. Bersot avait trouvé le nombre total des pensionnaires fixé à 110; il le fit porter à 120. Ce ne fut qu'en 1903 que, par l'attribution à l'Ecole normale des boursiers de l'Université de Paris, le nombre des normaliens s'augmenta d'une cinquantaine d'unités. Il est donc vrai de dire que la fonction de l'Ecole normale a toujours été moins de remplir les cadres du personnel que d'être un ferment et de donner un niveau, tant dans l'enseignement secondaire que dans l'enseignement supérieur. Les normaliens sont en minorité aujourd'hui dans le corps des agrégés ; ils le sont peut-être aussi dans plus d'une Faculté ; cet état de choses n'empêche pas l'Ecole de continuer à remplir sa fonction.

Je me dispenserai d'insister sur l'importance de la contribution qu'elle a fournie à l'activité nationale ; il me suffira de citer quelques noms qui mettront le fait en lumière. On ne s'étonnera pas que beaucoup de grands professeurs des collèges royaux et des lycées de l'Empire ou de la République en soient sortis : Lemaire, Rinn, Berger, Hatzfeld, Merlet, Gaspard, Aderer, Edet. J'omets ici ceux qui, comme Boissier, ont quitté les lycées, où ils s'étaient distingués d'abord, pour s'illustrer ensuite dans l'enseignement supérieur et les travaux d'érudition. Il en fut de même dans les sciences. Et là il faut remarquer que, pendant longtemps, à peu près tous les professeurs de mathématiques spéciales sont venus, et encore aujourd'hui le plus grand nombre viennent de l'Ecole normale. Ainsi c'est d'elle, par leur intermédiaire, que la masse des candidats à l'Ecole polytechnique et à toutes les grandes écoles scientifiques, Centrale et autres, a reçu sa préparation ; c'est par elle, indirectement, que leurs concours d'entrée ont pris leur niveau.

On trouvera naturel aussi que l'Ecole ait fourni à l'Université de grands organisateurs, à la fois théoriciens et hommes de réalisation, comme ceux que j'ai nommés plus haut. Mais il n'est pas une province de la philosophie, de l'érudition ou de la science qui ne lui doive quelques-unes de ses gloires ou de ses plus utiles ouvriers. L'Ecole normale a donné :

A la philosophie, Victor Cousin, Jouffroy, Cournot, Vacherot, Jules Simon, Taine, Caro, Th. Ribot, Bersot, Paul Janet, Ollé-Laprune, Lachelier, Brochard, Boutroux, Durkheim. — Aux études historiques et géographiques : Augustin Thierry, Chéruel, Duruy, Fustel de Coulanges, Gabriel Monod, Lavisse, Ernest Denis, Paul Guiraud, Gustave Bloch, Alexandre Bertrand, Ernest Havet, Guigniaut, Vidal de la Blache. — Aux études grecques et latines (philologie, archéologie, histoire littéraire) : Michel Bréal, Egger, Tournier, Thurot, Riemann; Georges Perrot, Heuzey, Homolle (1); Patin, Martha, Boissier, Alfred Croiset. — A l'égyptologie : Maspéro. — A l'histoire littéraire de France : Hippolyte Rigault, Jacquinet, Gandar, Emile Deschanel, Petit de Julleville, Ernest Dupuy, Pierre-Maurice Masson. — Aux études de littérature comparée et des littératures étrangères : Mézières, Gebhart, Texte. — A la critique littéraire et dramatique : Sarcey, J.-J. Weiss, Jules Lemaître, Faguet. — Dans les sciences, autour de Pasteur, dont le nom suffirait, à lui seul, à

(1) Jusque vers 1900, l'Ecole d'Athènes s'est recrutée à peu près exclusivement rue d'Ulm ; et les choses n'ont pas beaucoup changé depuis. Pour l'Ecole de Rome (celle du Palais Farnèse), l'Ecole normale l'a alimentée avec l'Ecole des Chartes et l'Ecole des Hautes Etudes. Pour celle-ci, d'ailleurs, les élèves qu'elle a envoyés à Rome ont été parfois des normaliens.

illustrer l'Ecole, elle peut grouper : — En mathématiques : Puiseux, Briot, Bouquet, Darboux, Tannery, Tisserant, auxquels il ne faut pas oublier de joindre ce génial élève, mort à vingt ans, qui a ouvert des voies nouvelles, Evariste Galois. — En physique : Verdet, Mascart, Violle, Lippmann, Duhem. — En chimie : Debray, Troost, Gernez. — Pour les sciences naturelles : Van Tieghem, Duclaux, Edmond Perrier, Giard, Dastre, Bonnier, Noël Bernard.

En dehors de l'enseignement et des sciences, il n'y a guère de forme d'activité intellectuelle où l'Ecole n'ait été représentée. Dans la littérature, ce sont des romanciers comme Edmond About et Alfred Assollant; des auteurs dramatiques comme Jules Lemaître (nous pouvons revendiquer aussi Casimir Bonjour). — Nos poètes sont : Charles Loyson, Louis Ménard, Eugène Manuel, Emmanuel des Essarts, Jules Lemaître, Ernest Dupuy, Péguy. — Dubois, fondateur du *Globe*; Amédée Jacques, fondateur de la *Liberté de Penser*; Eugène Yung, fondateur de la *Revue Politique et Parlementaire*, sont des nôtres, comme Adert, rédacteur en chef du *Journal de Genève*. C'est de la rue d'Ulm aussi que sont partis des journalistes comme Prévost-Paradol, Hervé, Charles Bigot, sans parler d'About et de Sarcey, que j'ai déjà nommés.

A l'éloquence parlementaire et à la politique nous avons donné, après Victor Cousin, Challemel-Lacour, Burdeau, Jaurès. — A l'Eglise : le Père Cambier, missionnaire; le Père Olivaint, fusillé en 1871; l'abbé

Bautain, l'abbé Barnave, l'abbé Thenon, l'abbé Huvelin, et Mgr Perraud, évêque et cardinal.

La liste de nos anciens élèves contient des magistrats, comme Accarias, qui dut sa vocation juridique à son exclusion de l'Ecole sous l'Empire ; on y trouve deux ambassadeurs de la troisième République, Patenôtre et Gérard (1). Les industriels et les commerçants y sont rares ; on ne s'en étonnera pas (nous avons eu pourtant un Hachette et un Alcan, intellectuels autant qu'hommes d'affaires), ni que les militaires en soient absents. Les membres de l'enseignement, jusqu'aux dernières années du XIXe siècle, étaient exemptés du service, et rien ne poussait les normaliens vers l'armée. Aux occasions pourtant, des qualités militaires se manifestèrent chez quelques-uns ; aux journées de juin 1848, l'élève Mézières fit avec distinction le service de capitaine d'état-major aux côtés du général de Bréa, dont il faillit partager le sort. En 1870, les normaliens de troisième année décidèrent de s'engager. Plusieurs firent campagne dans les armées de Bourbaki et de Chanzy, ou servirent dans les bataillons de marche pendant le siège de Paris.

Je n'ai nommé que des morts. S'il n'était trop délicat de faire une liste des vivants, on verrait que l'Ecole n'a

(1) C'est Bersot, — ce nom dit tout, — qui donna Gérard pour lecteur à l'impératrice d'Allemagne et qui décida ainsi la fortune extra-universitaire de ce normalien. Il croyait, en détachant ainsi parfois un normalien pour un service délicat, servir l'Ecole, accroître son prestige, sa force et son utilité pour le pays.

pas cessé de fournir un grand nombre d'hommes distingués, et plusieurs hommes supérieurs, à toutes les carrières d'enseignement, de science, et, en général, d'activité intellectuelle. Dans le présent comme dans le passé, l'Ecole compte beaucoup des siens dans quatre classes de l'Institut, surtout aux Sciences, aux Inscriptions et aux Sciences morales. Ils ont leur très honorable part à l'Académie française. Ils ne sont rares, et on le conçoit, qu'à l'Académie des Beaux-Arts. Dans les vingt-cinq ou trente dernières années, certaines études très spéciales, et tout à fait en dehors du cadre de la culture classique, ont trouvé des recrues parmi nos élèves. Après Burnouf que l'Inde et le sanscrit attirèrent, après Chavannes qui, dès l'Ecole, fut tourné vers la langue et la civilisation chinoises, nous avons vu plusieurs des nôtres diriger leur curiosité vers l'Orient et l'Extrême-Orient. Des normaliens se sont spécialisés dans l'étude du russe, de l'arabe, de l'assyrien, des langues finno-ougriennes. Un normalien a été directeur de l'Ecole d'Extrême-Orient. D'autres ont été membres de l'Ecole du Caire. Ai-je besoin de signaler que, dans la littérature et la presse, les nôtres figurent en nombre aujourd'hui, ainsi qu'au Parlement ? Jamais plus de ministères n'ont été occupés par des normaliens.

On voit que toutes les curiosités, toutes les vocations peuvent s'éveiller et s'armer dans la maison de la rue d'Ulm; tout ce qui s'apprend, tout ce qui s'enseigne, tout ce qui est matière de recherche critique et de construction méthodique y trouve place. Elle est l'école spéciale de l'enseignement public, oui ; mais quelle est la connaissance humaine qu'on puisse affirmer n'être pas ou ne pouvoir devenir, dans l'ordre supérieur ou technique, objet d'enseignement ? Quel est l'ordre d'activité pour lequel ne confère un avantage l'apprentissage des méthodes critiques et scientifiques ?

Certains estimeront qu'il y a là un danger ou un abus. Rassembler des jeunes gens pour les laisser, en somme, se développer librement dans leur sens et obéir à l'appel de leur vocation intérieure ou à la séduction des mondes nouveaux que la science découvre à leur jeunesse, ne leur demander que d'acquérir la plus haute valeur qu'ils pourront dans le domaine qu'ils auront choisi, n'est-ce pas oublier par trop que l'Ecole est faite pour former des professeurs, et d'abord des professeurs de lycée, des agrégés de lettres et de sciences ?

On se plaint même quelquefois que les normaliens se portent trop volontiers vers l'enseignement supérieur au détriment de l'enseignement secondaire : c'est oublier que, dès l'origine, l'Ecole normale a été considérée comme chargée de former des professeurs de Facultés en même temps que des professeurs de lycées. Cette fonction lui est expressément assignée par l'un des décrets qui l'ont réorganisée sous le règne de Louis-Philippe. Un normalien qui choisit de se vouer au travail scientifique, de passer sa vie dans les bibliothèques, les archives ou les laboratoires, fait exactement et fidèlement la chose, ou, si vous préférez, l'une des choses pour lesquelles l'Ecole a été fondée.

Le reproche adressé aux normaliens qui désertent dès qu'ils peuvent l'Université et qui préfèrent, aux mérites obscurs et aux maigres traitements du professeur de classe et même du professeur de Faculté, les risques de toute sorte de carrières plus aventureuses, mais plus éclatantes, et où le succès trouve des récompenses plus substantielles, — ce reproche a plus d'apparence.

Je le comprends de la part de ceux qui ont pour devoir immédiat d'assurer le recrutement du personnel universitaire ; et à coup sûr, ce ne serait pas à un directeur de l'Ecole normale qu'il appartiendrait de provoquer indiscrètement les vocations excentriques et de travailler à éparpiller les normaliens sur tous les chemins de la société contemporaine.

Mais il faut aussi replacer l'intérêt universitaire dans l'ensemble des intérêts nationaux et l'Ecole dans le plan général de l'éducation publique. Le cas des normaliens évadés de l'Université n'est pas un cas unique et isolé ; il est celui de tous les possesseurs de diplômes spéciaux, de tous les élèves de tout ordre, qui abandonnent, à un moment donné, les voies professionnelles où leurs diplômes et leurs écoles les avaient engagés. Toutes ces « désertions » doivent être jugées du point de vue français et rapportées à l'utilité générale. Il y a de grandes fonctions sociales qui doivent être remises aux meilleurs hommes et auxquelles pourtant ne prépare aucune école spéciale, pour lesquelles ne qualifie aucun diplôme professionnel. Où est l'école des députés, des sénateurs et des ministres ? Où est l'école des critiques, des gens de lettres, des journalistes ? Il faut bien que tous ces emplois recrutent leur personnel en le prélevant sur celui des professions définies pour lesquelles une préparation spéciale est organisée. En quoi est-il plus fâcheux qu'un normalien déserte sa chaire pour entrer dans un journal ou au Parlement, qu'il ne l'est de voir, pour le même but, un Polytechnicien abandonner l'armée ou un emploi d'ingénieur, un médecin laisser sa clientèle, un avocat renoncer à plaider ? Toute la question est que l'homme ait les talents et la conscience que sa nouvelle profession exige. Qu'aurait gagné la marine à ce que le lieutenant Viaud restreignît son activité à la conduite des bateaux ? Mais qu'aurait perdu la France à n'avoir pas Loti ? Qu'aurait gagné le corps des ingénieurs sortis de Polytechnique à retenir courbés sur le travail professionnel les deux romanciers à qui l'Académie française s'est ouverte ? L'éclat de la civilisation française n'eût-il pas été diminué, si Taine n'avait voulu être qu'un bon professeur de philosophie, si Sarcey avait peiné toute sa vie sur des explications d'Horace et des corrections de thèmes latins, si Jaurès s'était trouvé content de faire recevoir chaque année beaucoup d'élèves au baccalauréat ? N'oublions pas que tel qui, sous l'impérieuse pression de son génie, est devenu dans un ordre quelconque une des illustrations de la France, n'était et n'aurait jamais été qu'un professeur très ordinaire.

Evidemment, l'Ecole ne remplirait plus sa fonction si la majorité de ses anciens élèves se détournait de l'Université. C'est une question de mesure; et jusqu'ici on n'a pas le droit de dire que la mesure ait été dépassée (1). Si elle l'a été à un moment, c'est sous l'Empire, lorsque l'Université fut soumise à un régime de surveillance et de compression qui en fit sortir les esprits les plus fiers et les plus indépendants. La liberté intellectuelle est assurée aujourd'hui; et aucune autorité tracasssière ou tyrannique ne jette les normaliens hors de l'Université. Si quelques-uns se laissent séduire aux illusions de l'amour-propre ou aux mirages de l'ambition en abandonnant leur chaire de professeur, le plus grand nombre, aujourd'hui comme dans le passé, sont poussés par la force de la vocation et par une estimation réfléchie de leurs aptitudes. Au total, l'apport de l'Ecole normale dans la civilisation française contemporaine, en dehors de l'Université et des carrières scientifiques, n'est point négligeable; et qui osera dire qu'il eût mieux valu pour la France que cet apport n'ait pas été fourni ?

Il est possible que l'ébranlement imprimé à tout l'ordre social par la guerre et par les conditions de vie qu'elle a suscitées ait contribué à disperser des normaliens dans toutes les directions en dehors de l'Univer-

(1) En prenant dans l'*Annuaire de l'Association des anciens élèves* la liste des membres au 31 janvier 1925, j'ai constaté que, dans les dix premières pages, environ un dixième des membres (ou un peu plus) avaient pris d'autres carrières que celle de l'enseignement (secondaire et supérieur, en France ou à l'étranger), avec ses issues régulières vers la science pure et l'administration.

sité (1). Mais le phénomène, comme je l'ai montré, ne date pas de la guerre ; il a été observé à tous les moments du XIXe siècle.

(1) Une affirmation a été lancée récemment et a fait le tour de la presse, selon laquelle, en 1925, pas un normalien reçu à l'agrégation n'avait pris un poste dans les lycées. Le fait est à peu près exact. Mais celui qui l'a signalé a oublié l'existence de la loi militaire de 1923, qui envoie les normaliens à la caserne pendant un an au sortir de l'agrégation. Si bien qu'en octobre 1925 il n'y a eu qu'un ou deux *réformés* qui sont entrés dans le cadre de l'enseignement secondaire. Si l'on remonte à l'année précédente, on trouve que, sur une cinquantaine de normaliens reçus aux diverses agrégations, il n'y en a pas plus de deux qui ont laissé paraître une intention de ne pas entrer dans l'Université. Les autres se sont répartis entre les directions diverses que nos institutions leur ouvrent ; enseignement secondaire, bourses d'enseignement supérieur, laboratoires, service de l'expansion française à l'étranger. — Il y a, dans les conditions actuelles de la vie et dans le rapport des traitements universitaires à ces conditions, une menace pour l'Ecole, comme pour l'Université et pour les carrières scientifiques et littéraires. Mais je dois dire que jusqu'ici le danger ne s'est manifesté ni par un abaissement du niveau des promotions de l'Ecole, ni par une diminution du nombre des sujets réellement distingués, ni enfin par une désertion en masse des normaliens attirés par des carrières plus lucratives. Je le verrais plutôt (et cette remarque ne s'appliquerait pas seulement aux professeurs sortis de l'Ecole) dans la nécessité que les charges de famille imposent aux universitaires de doubler leurs tâches professionnelles d'autres travaux rémunérateurs. J'admets fort bien qu'ils s'arrangent pour que celles-ci ne fassent point tout à celle-là. Mais forcément le travail désintéressé, celui qui donnait les plus beaux fruits littéraires ou scientifiques, se trouve ou abandonné, ou diminué, en quantité, et peut-être parfois en qualité. Et puis, dans ce labeur forcené, il se produit un surmenage qui use l'homme prématurément. (*Note ajoutée pour le tirage à part.*)

Si le mouvement s'est accentué de nos jours (mais bien avant 1914), la cause en est que l'état social fournit à l'individu énergique ou ambitieux des facilités de plus en plus grandes pour s'évader des compartiments où la naissance, l'éducation, l'habitude parquaient les générations antérieures. Les possibilités d'ascension, ou simplement de changement de voie, sont de moins en moins limitées pour chaque particulier, et quiconque joint à un talent déterminé un peu de savoir-faire ne risque pas trop à sortir du rail où ses diplômes semblaient le condamner à glisser toute sa vie.

Il est certain que la formation philosophique et scientifique a toujours tenu plus de place à l'Ecole que la formation pédagogique ; et cela a pu fournir à certains individus les ressources intellectuelles qui leur ont permis de chercher fortune hors de l'Université. De temps à autre on s'est plaint, et parfois non sans raison, qu'on n'accordât pas chez nous une importance suffisante à la préparation professionnelle que la destination spéciale de l'Ecole semblait exiger. Mais il est juste que le développement de la culture passe avant l'acquisition du métier ; et l'une des sources de la valeur de notre enseignement secondaire est que, dans la formation de ses maîtres, on retarde le plus possible le moment où ils seront séparés du personnel destiné à l'enseignement supérieur et aux recherches originales. On s'occupe d'abord de faire des lettrés, des érudits et des savants solidement armés ; et l'on fait ensuite des professeurs.

Ce n'est qu'aux degrés élémentaires de l'instruction, quand la somme des notions à transmettre est restreinte et strictement déterminée, que l'art de transmettre peut prendre le pas sur l'intérêt d'acquérir. A mesure qu'on s'élève à des degrés supérieurs, le professeur doit se rendre capable d'être surtout un éveilleur des esprits. Il faut qu'il étende sa culture le plus possible pour dominer à la fois son programme et ses élèves, pour répondre à tous les besoins, à tous les appels des intelligences dont il aura la charge. Il doit se faire d'abord une personnalité, réaliser toute celle dont il est capable, pour avoir des prises plus fortes et une pénétration plus profonde. La pédagogie théorique et pratique n'est certes pas négligeable. Mais là où l'action du maître, pour être efficace, doit rester libre et se diversifier infiniment, la pédagogie théorique se réduit à quelques instructions sur le but de l'enseignement secondaire, sur la part qui revient à chaque discipline, et sur la psychologie des adolescents, à quelques conseils généraux, précis pourtant, sur ce qu'il convient de faire dans une classe, et surtout ne pas faire. La pédagogie pratique, dont toute la vie du professeur sera une étude, doit, faute de temps, pendant le séjour à l'Ecole, se réduire à quelques expériences dirigées dans lesquelles, mis en présence d'une vraie classe et guidé par un professeur expérimenté, le normalien se rend compte des exigences, des difficultés et des périls du métier.

Une bonne partie, d'ailleurs, de l'instruction professionnelle est inséparable de l'enseignement scientifique.

Exposer une question clairement et avec ordre, la discuter avec précision, être exact sans minutie ni encombrement, simplifier sans mutiler, montrer les idées générales sans perdre le contact du concret et de la vie : il n'y a pas de professeur français dans nos Facultés, qui, sous prétexte qu'il fait de la science pure, renonce à exiger de ses étudiants ces qualités d'exposition et à leur montrer, sur un sujet donné, comment on peut s'y prendre pour les avoir. Or, n'est-ce pas là de la pédagogie, et de la meilleure, quoique le mot ne soit jamais prononcé ?

Voilà pourquoi, à l'Ecole, on a toujours parlé de science plutôt que de pédagogie. L'organe essentiel y a toujours été, non pas un lycée annexe qu'on n'a jamais réclamé, mais la bibliothèque — cette admirable bibliothèque de près de 400.000 volumes — pour la section des lettres, et les cinq laboratoires — ces laboratoires illustrés par Sainte-Claire Deville et tant d'autres — pour la section des sciences. Là sont, pour nous, les centres de vie, les foyers d'activité. Il s'y est ajouté récemment, grâce à la libéralité d'un généreux donateur, un organe original, le *Centre d'études de documentation sociale,* sorte de séminaire ou de laboratoire, où des philosophes et des historiens viennent apprendre à recueillir, classer, interpréter les faits contemporains de l'ordre social et économique, et à soumettre cette matière, toujours si difficile à connaître, aux règles de la méthode critique.

L'ESPRIT NORMALIEN

Il vaut la peine de se demander si tous ces normaliens qui dépouillent la toge universitaire portent dans leurs nouvelles carrières autre chose que leurs originalités personnelles. Abandonnent-ils leur formation de professeurs ? ou conservent-ils les habitudes intellectuelles qu'ils ont prises pendant les trois années de séjour à l'Ecole de la rue d'Ulm ? En d'autres termes, y a-t-il un esprit normalien ? et s'il y en a un, quel est-il ?

Jules Lemaître, il y a trente ans, s'était déjà posé la question et se déclarait un peu embarrassé pour y répondre ; il y répondait pourtant, et je me risquerai à mon tour à dire mon mot.

Lemaître pensait que l'esprit normalien c'est en somme l'esprit universitaire. Ce ne serait pas étonnant, étant donné l'intime union de l'Ecole et de l'Université depuis leur fondation et le rôle prépondérant tenu par les normaliens au XIXe siècle dans l'Université. Il resterait à savoir ce qu'il faut entendre par esprit universitaire, qui n'est, je le crois bien, que l'esprit normalien un peu dilué et atténué.

Lemaître tenait aussi beaucoup à démontrer qu'il n'y a pas de moule normalien pour les esprits et que l'extrême diversité des talents sortis de l'Ecole prouve que le libre développement de la personnalité n'y est aucunement gêné. Je crois que la démonstration n'est plus à faire; la cause est entendue. L'Ecole normale n'a jamais accepté aucun dogmatisme, ni religieux, ni politique, ni même intellectuel ou littéraire. Ni la Restauration, ni Victor Cousin, ni l'Empire, n'ont réussi à y comprimer l'essor des libertés et à imposer aux curiosités fougueuses de cette jeunesse, je ne dis pas un *credo* ou un autre, mais simplement des directions ou des limites. Aujourd'hui moins que jamais la chose est possible. La tendance libérale, plus tard la tendance démocratique ont toujours dominé l'Ecole. Les sentiments républicains y sont très forts. Il y aurait pourtant un moyen sûr d'y affaiblir les croyances libérales, démocratiques ou républicaines, ce serait de les déclarer obligatoires.

Vers 1848, quand l'Ecole était voltairienne, des catholiques y vivaient en paix. D'homériques batailles d'idées s'engageaient entre About et le futur abbé Barnave; mais jamais le droit pour personne de penser et de vivre selon sa croyance ne fut mis en question.

Aujourd'hui, comme à toutes les époques, l'Ecole est une petite image de la France. Toutes les Eglises et tous les partis y sont représentés, sans parler des individus, assez nombreux, qui n'entendent s'enrôler dans aucun groupe. Toutes les opinions sont libres, libres d'être aussi extrêmes, absolues et violentes qu'il leur plaît, mais chacune accorde aux autres le droit qu'elle réclame pour elle-même. Les discussions sont passionnées et la tolérance entière. Il y a là une tradition saine et forte qu'aucune influence mauvaise des mœurs du dehors n'a encore réussi à entamer.

Avec ce goût de liberté et cette habitude de tolérance, le caractère le plus marqué de l'esprit normalien me paraît consister dans une prédominance de l'intelligence sur l'imagination et la sensibilité. Le besoin de comprendre, de définir, d'expliquer est le besoin essentiel; l'horreur du vague, de l'obscur, de l'incohérent est poussée au dernier point. Nisard ne disait pas mal, lorsqu'à l'impératrice Eugénie, qui avait eu la fantaisie de savoir ce que c'était que l'Ecole qu'il dirigeait, il répondait : « Madame, l'Ecole normale, c'est l'école de précision de l'esprit français ». Nisard exagérait un peu ; l'Ecole normale n'a peut-être pas été la seule école de précision que la France ait eue, mais à coup sûr elle a été chez nous une école de précision, très active, sans aucun doute, et très efficace. Si l'on examine les travaux des hommes les plus éminents qui sont sortis de la rue d'Ulm, on y trouvera, à travers toutes les différences des tempéraments et des talents, le même besoin de clarté, d'ordre et d'enchaînement. On a pu remarquer, dans l'énumération que je faisais plus haut des hommes qui ont fait le plus d'honneur à l'Ecole normale dans le passé, que, si elle a apporté de très brillantes contributions à la critique, à la philosophie, à l'érudition et à la science françaises, elle n'a point fourni d'étoiles de première grandeur au roman, au théâtre, à la poésie ; et, dans ces arts, les esprits qu'elle a formés se distinguent plus par la souplesse intelligente que par la puissance créatrice.

A la base de la formation des futurs éducateurs et des futurs savants est d'abord la passion de la vérité, et puis le souci des moyens par lesquels la vérité peut être atteinte. La foi dans la valeur suprême de la vérité, la conviction réfléchie qu'elle, et elle seule, est le but légitime d'une intelligence saine, la condition de toute création durable dans l'ordre spéculatif, de toute construction solide dans l'ordre pratique, que ni l'art, ni la morale, ni la politique ne peuvent être indifférents à la vérité : ce sont là les principes sur lesquels des générations successives de normaliens, pendant un siècle, ont réglé leur vie intérieure et dirigé leur activité scientifique ou sociale.

Mais dès qu'on atteint un certain degré de culture, on s'aperçoit que la vérité absolue et totale n'est pas accessible à l'homme : il ne saisit que des vérités, jamais la vérité. Souvent même il ne saisit pas les vérités partielles, mais seulement des faces ou des fragments de ces vérités, les limites entre lesquelles il faut les chercher, l'approximation qui les laisse toujours à quelque distance de nous. Dans chaque problème, des esprits diversement façonnés ou diversement placés n'aperçoivent pas les mêmes vérités ou croient apercevoir des vérités contraires. En un mot, nous n'avons accès qu'à des vérités relatives.

De là suivent le respect de la diversité des opinions

et l'effort pour saisir le point d'où chaque opinion se justifie, la mesure dans laquelle elle peut faire fonction de vérité. Mais cette tolérance réciproque implique pour tous le devoir de vérifier leurs opinions et de chercher sans cesse à s'élever de quelques degrés vers la vérité.

On conçoit sans peine que, sur ces principes, l'Ecole normale ait toujours et surtout formé des esprits critiques, et qu'elle ait paru former des sceptiques et des dilettantes. On est toujours un sceptique pour le mystique à qui on demande ses preuves, un dilettante pour le fanatique dont on ne partage pas les fureurs. En tout temps, l'exercice de la critique a révolté les dogmatiques qui prétendent élever leur dogme au-dessus de la critique.

L'enseignement de l'Ecole a toujours été fondé sur le libre examen, la libre discussion. Les *Conférences* devaient être, selon l'esprit de leur institution, et n'ont jamais cessé complètement d'être des entretiens du maître et des élèves; et, comme le disait M. Georges Perrot en 1895 : « Admettre et même inviter les élèves à discuter avec le professeur, c'est reconnaître que dans l'ordre de la pensée il n'y a point d'autorité, fût-ce celle du maître le plus savant et le plus respecté, qui ne soit tenue de donner ses raisons et de fournir ses preuves ». S'il en est ainsi entre élèves et maîtres, on peut deviner ce qu'il en sera entre camarades.

La vie de l'Ecole, c'est la discussion. Les anciens collèges perpétuellement retentissants de l'argumentation scolastique, où se heurtaient les syllogismes contraires dans d'interminables disputes, sont largement dépassés. De l'actualité politique la plus éphémère aux éternels problèmes de la métaphysique et de la religion, ou aux problèmes les plus nouveaux de l'art ou de la science, il n'y a pas un objet de la pensée humaine, pas un principe de l'action individuelle ou collective qui ne soit agité et livré à la plus implacable contestation : âpres luttes, où volent d'un adversaire à l'autre les qualificatifs les plus véhéments ! On use, sans ménagement, du droit que le grand Arnauld reconnaissait aux géomètres d'employer des termes durs, s'ils étaient les termes propres. Après ces assauts forcenés, les adversaires se réconcilient instantanément dans l'affirmation de la *nullité* d'un professeur, ou s'en vont bras dessus, bras dessous, au réfectoire conspuer le *pot* qui ose servir un pareil rata.

Qu'il puisse y avoir, et qu'il y ait réellement, des inconvénients et des abus dans la critique illimitée et dans la discussion effrénée, c'est certain ; mais, au total, le bien domine. Car il y a deux choses qui conservent à l'esprit sa solidité et l'empêchent de se dissoudre dans la subtilité des controverses ; c'est la bonne foi intellectuelle qui incline toute cette jeunesse, sinon immédiatement, du moins après l'assaut, lorsque la tête est reposée, devant l'argument valable et l'idée qui s'est prouvée juste ; et c'est la persuasion égale chez tous les disputeurs qu'à chaque ordre de recherches correspond une méthode particulière, qui, seule, donne des résultats, à la condition de l'appliquer comme il faut.

Ce goût du résultat exact et cette capacité de travail méthodique ont fait estimer les normaliens par leurs chefs pendant la guerre et, la paix rétablie, ont fait rechercher leur collaboration par des chefs d'industrie, des commerçants, des banquiers, des directeurs de services publics (en particulier, mais non pas uniquement, ceux des Affaires étrangères et de la Société des nations), qui les avaient vus à l'œuvre aux armées et dans toute sorte de missions.

Estime de l'intelligence, de la clarté, de la logique, développement de l'esprit critique, connaissance et pratique des méthodes : tout cela composerait un esprit solide et utile, un bon outil pour le travail scientifique et social, mais un esprit peut-être un peu sec, un peu acide et insuffisamment orné de grâces, s'il ne s'enveloppait souvent d'ironie et de « blague ». La joie du Normalien est de faire « monter à l'échelle » le camarade, le professeur, le directeur, et surtout l'homme du dehors, depuis le candidat qui va subir le concours d'entrée jusqu'au journaliste qui vient quêter une information. Humour féroce, mystification énorme, fantaisie voltairienne ou truculence rabelaisienne, toutes les formes et tous les degrés se rencontrent ; et la joie est au comble quand le non-initié « y coupe » et s'effare. Il faut un flair particulier, que seuls possèdent ceux qui ont vécu trois ans rue d'Ulm, pour dépister le *canular* (c'est ainsi que cela s'appelle dans l'argot de l'Ecole) partout où il se cache. Celui qui a été normalien sait se défier à propos et rabattre ce qu'il faut (1). Edmond About et Jules Lemaître ont représenté dans le passé les formes les plus délicates de cet esprit, qui a touché jusqu'au plus sérieux des Normaliens, le *Cacique* de la fameuse promotion de 1848, Hippolyte Taine, et a fait du lecteur de Spinoza le collaborateur de *la Vie parisienne* : Thomas Graindorge est certainement un produit de l'admiration de Taine pour les humoristes anglais, mais l'idée ne lui serait pas venue de donner un pareil tour à sa pensée, s'il ne s'était laissé imprégner du goût d'ironie et de mystification qui régnait rue d'Ulm.

On retrouverait aisément des formes analogues d'esprit dans l'œuvre de certains littérateurs d'aujourd'hui qui ont passé par l'Ecole, dans l'œuvre notamment d'un des plus renommés parmi les jeunes ; et je ne sais si je me trompe en suivant la trace du *canular* normalien à travers un certain nombre de productions contemporaines dont les auteurs sont entièrement étrangers à l'Ecole.

(1) Il sait aussi ne pas se fâcher. Et j'avoue qu'il y a quelquefois du mérite. L'inventeur d'une plaisanterie, le metteur en scène d'une farce, trop souvent, ne regarde pas à la blessure qu'il fait, non plus qu'au dommage qui peut en résulter pour l'Ecole. Il s'amuse de sa fantaisie et ne voit rien au delà. Il ne réfléchit pas que, hors de l'Ecole, les choses ne se jugent pas du même point de vue. Une bonne partie des anecdotes et des jugements qui se colportent au désavantage de l'Ecole ont leur origine dans des blagues de normalien prises au sérieux et amplifiées. De même ce sont des élèves qui souvent ont paru s'appliquer à recruter des ennemis pour l'Ecole. Telle drôlerie du Centenaire n'était pas pardonnée dix ans après. (*Note ajoutée pour le tirage à part.*)

D'ailleurs, toutes ces délicates questions d'influences étant mises à part, il est vraisemblable que le *canular* normalien, la gaieté du Quartier latin, la fantaisie de Montmartre ou de Montparnasse ne soient que les variétés modernes, étroitement apparentées entre elles, de ce qu'on appelait jadis l'esprit gaulois, de ce génie malin que les étudiants du XVe siècle employaient si bien à tourmenter les bourgeois et désespérer le prévôt de Paris.

L'esprit que je viens de définir, essentiellement intellectuel et analytique, est, par là même, essentiellement classique. Non pas par une soumission aveugle à la doctrine traditionnelle du classicisme littéraire. Le romantisme, le Parnasse et le naturalisme ont été aussi bien accueillis à l'Ecole normale que nulle part en France. Vers 1850, on y conspuait volontiers Boileau, et je ne crois pas que, depuis, il y ait retrouvé beaucoup de dévots, en dehors de l'admiration historique qu'on est forcé d'avoir, quand on connaît bien le XVIIe et le XVIIIe siècles. Le classicisme des Normaliens a sa source, d'une part dans le commerce familier et l'étude attentive des grandes œuvres du XVIIe siècle, d'autre part dans ce besoin de clarté, de raison et de vérité que j'ai signalé tout à l'heure comme une des caractéristiques de l'esprit de l'Ecole.

On sera sans doute curieux de savoir si cet esprit n'a pas été touché par les courants récents de pensée et de sentiment qui ont paru modifier la littérature et la société. L'Ecole normale où, depuis l'origine, tous les grands événements qui marquaient dans la vie de la France et en remuaient l'âme, ont eu leur répercussion, l'Ecole n'est pas restée étrangère et indifférente aux mouvements qui, depuis vingt-cinq ou trente ans, ont renouvelé, ou prétendu renouveler, la philosophie, l'art, l'esthétique littéraire et la poésie. Le courant bergsonien l'a traversée avec d'autant plus de facilité et de force que M. Bergson est un des nôtres et que le bergsonisme (bien ou mal compris, je laisse à de plus compétents le soin de le décider) offrait des satisfactions profondes à l'intelligence et à l'esprit critique en les employant à battre en brèche les constructions de l'intelligence et à marquer l'insuffisance du procédé critique. La philosophie a toujours été en grand honneur à l'Ecole, et depuis Victor Cousin, Jouffroy et Taine, elle a attiré les plus subtils, les plus vigoureux esprits des promotions successives. Nulle part l'invention d'une philosophie nouvelle, originale et profonde, qui souvent faisait disparaître les anciens problèmes et en faisait apparaître d'insoupçonnés, n'a excité un intérêt plus passionné. Une fois l'anti-intellectualisme introduit dans la place, toutes les tendances nouvelles se sont fait admettre : l'aversion de l'histoire, la répugnance à considérer le réel, l'inclination à remplacer l'expérience méthodiquement organisée en vue d'un résultat objectif, par l'expérience intime du sentiment, la tendance à régler la vérité par la croyance et à mettre à la place du fait vérifié l'image subjective du fait que la doctrine ou la sensibilité exigent; en un mot, toutes les formes diverses du mysticisme et de l'idéalisme contemporains. Dans cette agitation inquiète qui tendait toujours à élever l'irrationnel au-dessus du rationnel, le mysticisme religieux et le mysticisme révolutionnaire ont trouvé des conditions plus favorables qu'elles n'avaient été pendant la plus grande partie du XIXe siècle. Ce n'est peut-être pas que les adhésions individuelles aux tendances extrêmes soient devenues beaucoup plus nombreuses qu'autrefois, mais une discipline plus ferme lie les volontés individuelles et donne aux groupes une forte cohésion. En littérature, l'Ecole, qui avait toujours produit plus de prose que de poésie, a senti, elle aussi, s'éveiller ou s'exalter la passion de la poésie pure. Nos aînés donnaient volontiers à leurs vers les qualités de la belle prose, nos jeunes camarades aujourd'hui se plaisent parfois à faire rendre à leur prose des effets de poésie et de musique, en y réduisant au minimum les éléments trop grossiers de logique ou de réalité.

Cependant je ne crois pas qu'il faille conclure à une révolution ou rénovation totale. Les courants nouveaux et actuels de sensibilité, d'imagination et de pensée traversent l'Ecole : cela veut dire qu'on ne les ignore pas, non pas qu'ils entraînent ou submergent tout. Certains esprits se lancent éperdument dans les voies nouvelles, se donnent à fond aux diverses mystiques, se grisent de toutes les sortes d'idéalisme ou de fantaisie. Pour quelques-uns, ce sont des exercices d'assouplissement, des études techniques de langue et de style. Mais le plus grand nombre regardent curieusement les nouveautés, les tâtent, cherchent à en tirer quelque chose pour l'accroissement de leur culture, l'enrichissement de leur vie intérieure, l'orientation de leur activité créatrice. Ils s'efforcent surtout d'y comprendre tout ce qu'il est possible de comprendre. C'est dire que, chez la plupart, la tare de l'intelligence demeure ineffaçable ; la *libido sciendi* les tient solidement. On n'est pas près de renoncer chez nous à l'habitude logique, ni à l'aptitude critique, ni à la curiosité exigeante qui ne se contente que du réel bien constaté et du vrai dûment démontré.

LE PRÉSENT ET L'AVENIR DE L'ÉCOLE NORMALE

Il ne manque pas d'universitaires distingués, de théoriciens de l'organisation de l'instruction publique en France, qui, après avoir rendu justice à l'œuvre de l'Ecole normale au XIXe siècle, disent : « Oui, c'est un glorieux passé, mais c'est du passé. Il n'est si beau livre dont on ne vienne enfin à tourner la dernière page. L'époque des grandes écoles est passée, celle, en particulier, de l'Ecole normale. Elle a contribué à former l'esprit général et la tradition de l'enseignement secondaire; c'est fait. Elle a contribué à la restauration des Universités; par là elle s'est rendue inutile, elle n'est plus qu'un double emploi. Il y a incompatibilité entre le système des Universités et le système des grandes écoles. Les Facultés, d'où sortent aujourd'hui la plus grande partie du personnel de l'enseignement secondaire et une bonne partie du personnel de l'enseignement supérieur, sont capables de fournir à tous les besoins ».

Une question préalable s'impose à notre considération. Il faut remplacer ce qui meurt, la chose est hors de doute. Mais il est toujours mauvais, pour une société, de détruire un organisme vivace, actif et productif. Notre France, en particulier, n'est-elle pas assez mutilée pour que nous ménagions soigneusement toutes les forces qui lui restent ? Ce serait un crime de tarir chez nous une des sources, quelles qu'elles soient, de l'énergie nationale. Pis encore : supprimer une réalité robuste par respect pour une théorie abstraite, pour la symétrie d'une formule, pour la beauté d'un alignement, ce serait une sottise.

La vitalité de l'Ecole normale ne saurait être mise en question. On a pu en douter quand, il y a une vingtaine d'années, un décret a bouleversé l'ancienne organisation de l'Ecole. Une réforme, assurément, était nécessaire. L'Ecole avait pu être au XIXe siècle, pendant la somnolence des Facultés des lettres, une petite Faculté se suffisant à elle-même. Après la renaissance des Universités, ce régime d'isolement n'était plus possible, ni raisonnable : il fallait mettre le régime de l'Ecole en harmonie avec la condition nouvelle de l'enseignement supérieur .Ce fut sans doute l'intention du décret de 1903 ; mais, à la façon dont il fut appliqué, il sembla qu'on voulait aboutir à la destruction de l'Ecole normale, peut-être à son remplacement par quelque chose dont on n'arriva jamais à donner une idée précise.

Les maîtrises de conférences permanentes furent supprimées ; le corps des maîtres fut versé dans les Facultés des lettres et des sciences de l'Université de Paris. Les enseignements intérieurs, du moins pour les lettres, disparurent ; et ce qui se fit encore de conférences dans les locaux de la rue d'Ulm furent des conférences ordinaires de la Faculté des lettres adressées à tous les étudiants. En même temps, le transfert au titre de l'Ecole normale de toutes les bourses de licence et d'agrégation de l'Université de Paris annexait à l'Ecole une quantité d'externes, un tiers environ de l'effectif, qui pouvaient ne paraître que rarement rue d'Ulm et n'être des normaliens que sur le papier, dans les documents administratifs.

Alors aussi s'achevait la réforme du régime de l'internat, entreprise sous la direction de M. Perrot et continuée sous la direction de M. Lavisse par le secrétaire de l'Ecole, M. Paul Dupuy. Cette réforme, libérale et excellente en son principe, consistait à traiter les jeunes gens que le concours faisait entrer à l'Ecole, en hommes. Les multiples contraintes, commandements et défenses, qui, du matin au soir, liaient le normalien d'autrefois, disparurent l'une après l'autre; et l'échelle des sanctions, qui paraissait construite pour des *potaches*, fut mise au rancart. Les normaliens furent maîtres de régler eux-mêmes leurs allées et venues, leur travail et leur repos. Le décret de 1903, qui envoyait les normaliens recevoir leurs enseignements à la Sorbonne, tomba au milieu de ce mouvement, en précipita le cours et fournit aux habitants de la rue d'Ulm toute sorte de raisons de n'y pas rester. Il en résulta, assurément, dans les premiers temps, une certaine confusion, un tourbillon de sorties et de rentrées; et la légende fut formée que l'Ecole normale n'était plus qu'un hôtel garni, et un hôtel garni dont les locataires n'étaient jamais là. On put même entendre un jour au Parlement, au cours d'une discussion budgétaire, un orateur émettre cette affirmation, sans être contredit par le ministre de l'Instruction publique ni par personne : « Il n'y a plus d'internes à l'Ecole normale ». Il y en avait toujours 120; seulement, une centaine s'appelaient alors « pensionnaires libres ».

Comme il est plus facile de supprimer les règlements anciens que de créer des habitudes nouvelles, on ne s'étonnera pas que la discipline volontaire, qui devait remplacer le régime des contraintes et des sanctions, ait été lente à s'organiser. Des jeunes gens de vingt ans, auxquels on retire un beau jour toutes leurs entraves, prennent naturellement des allures de poulains échappés. Comme il n'y a point de vie commune sans une règle commune, il faut, dans un régime de liberté, que la règle commune soit imposée par une discipline volontaire, par la soumission de tous aux exigences de l'intérêt commun. Il y a certes encore aujourd'hui des progrès à faire dans cette direction. Peu à peu, pas à pas, à très petits pas si l'on veut, ils se font.

Si on eut le droit, dans les premiers temps qui suivirent le décret de 1903, de penser que l'Ecole était condamnée, et qu'il n'y avait qu'à faire au plus vite la liquidation nécessaire, l'erreur, pour les observateurs impartiaux, ne dura pas longtemps. D'abord, il apparut que, en raison des liens étroits qui n'avaient pas cessé d'exister entre la section des sciences et la Faculté des sciences, grâce aussi à l'action intelligente et mesurée du sous-directeur Tannery, l'application du décret de

1903 n'avait apporté aucun changement essentiel dans la vie de l'Ecole scientifique. L'Ecole littéraire fut plus bouleversée ; mais le travail s'y organisa vite dans les conditions nouvelles, et il ne parut pas que le niveau des études eût fléchi. L'esprit de la maison, la cohésion du corps normalien subsistèrent ; et la majorité des externes fut peu à peu attirée, s'agglutina au noyau que, même toutes portes ouvertes, l'internat continuait de former.

La guerre de 1914 ne permit plus à personne de douter de l'existence, de la vitalité de l'Ecole. Les normaliens, en défendant la patrie, firent ce que tous les Français de toutes conditions et de toutes professions ont fait (1). Ils le firent avec le même cœur que tous, mais avec l'esprit et les ressources que leur formation spéciale leur permettait de mettre au service du pays. La façon dont ils remplirent leur devoir a eu assez d'éclat pour que la question de savoir si l'Ecole normale doit être conservée soit résolue définitivement.

(1) Sur 800 mobilisés environ, 239 morts (élèves et anciens élèves), soit environ 29 pour 100. Sur 240 élèves inscrits en 1914 au cadre de l'Ecole, 120 morts : soit 50 pour 100. L'Ecole vient d'être citée (juillet 1925) à l'ordre de l'armée, et M. Painlevé, président du Conseil et ancien normalien, lui a apporté la Croix de guerre avec palme. — De nos 239 morts, deux cents occuperaient assurément aujourd'hui des emplois dans l'Université ; la moitié au moins seraient dans les lycées. Le pays les a appelés ailleurs. La voilà, la « désertion » des agrégés normaliens. Il est certain que ces 200 morts nous manquent cruellement depuis 1918. (*La seconde partie de la note a été ajoutée pour le tirage à part.*)

On peut aussi évaluer la force que constitue pour notre pays l'Ecole normale par le prestige dont son nom jouit à l'étranger. Jamais ce prestige n'a été plus grand, et, chaque année, plusieurs étudiants distingués de différentes nationalités ambitionnent l'honneur d'y être admis. Dans le passé, on a vu séjourner rue d'Ulm quelques Suisses, des Roumains, des Haïtiens, deux Chinois, qui ont éveillé la vocation du regretté Chavannes, plusieurs autres encore de divers pays. Un traité, depuis longtemps, nous a liés au Luxembourg, et peu à peu, pendant le dernier demi-siècle, s'est constitué dans ce pays un groupe de normaliens où se sont entretenues ensemble la reconnaissance pour l'Ecole et l'affection pour la France. Ce traité a été remis en vigueur après la guerre. Nous avons conclu des accords analogues avec la Belgique et avec la Roumanie. Nous avons accueilli un mathématicien grec, un littérateur bulgare. Plusieurs autres nations nous ont fait des ouvertures. J'en recevais hier encore d'un Syrien, d'un Hindou. Il nous faut maintenant chaque année songer à réserver, dans notre internat, trois ou quatre places pour les étrangers, quitte, s'il nous en arrive davantage, à les placer dans la condition de nos externes. Entre ces étrangers et nos élèves se forment les mêmes liens, étroits et forts, de camaraderie qu'entre les Français; des amitiés fidèles et durables se nouent; et quiconque sait la difficulté que trouvent, dans beaucoup d'Universités, à Paris notamment, les étudiants étrangers à pénétrer dans les milieux d'étudiants français, comprendra l'importance que prend cet aspect, en apparence secondaire, de la vie normalienne, pour l'expansion française au dehors. Et cette puissance d'attraction de l'Ecole n'est-elle pas une manifestation significative de sa vitalité ? (1).

Une autre marque, et qui touche plus directement les intérêts de l'Université, est la contribution qu'elle continue de fournir chaque année au recrutement du corps des agrégés. Qu'il me soit permis d'indiquer les chiffres de 1925.

A l'agrégation de philosophie, l'Ecole a eu les trois premiers et le cinquième.

A l'agrégation des lettres : les sept premiers et le quatrième.

A l'agrégation de grammaire : les deux premiers, le quatrième, le cinquième, le sixième, le seizième ; et le premier du classement spécial aux anciens combattants.

A l'agrégation d'histoire : le second et le quatrième.

(1) L'Ecole travaille aussi activement à l'expansion française. On accueille, on appelle à l'étranger ses anciens élèves. Nous avons, actuellement, une dizaine des nôtres dans les Universités et Collèges des Etats-Unis et du Canada ; plusieurs aussi en Pologne, en Tchécoslovaquie, en Yougoslavie, en Hongrie. Nous venons d'en envoyer un en Roumanie. Depuis peu, Constantinople nous en a pris huit, quatre au lycée, trois à l'Université, un au Musée. Un des nôtres, depuis plusieurs années, a organisé l'enseignement en Afghanistan. Et je ne parle pas des missions temporaires d'une semaine, un mois, un trimestre, un semestre. (*Note ajoutée pour le tirage à part.*)

Aux agrégations de langues vivantes : le premier de l'agrégation d'allemand et le neuvième de l'agrégation d'anglais.

A l'agrégation de mathématique : les cinq premiers, le neuvième, le douzième et le dix-septième.

A l'agrégation de physique et chimie : le second, le cinquième, le sixième, le douzième et le treizième.

A l'agrégation des sciences naturelles : l'unique reçu.

On conclura, je pense, sans difficulté de ces chiffres, que l'Ecole s'acquitte encore suffisamment de la fonction de maintenir le niveau le plus élevé possible dans les études par lesquelles se forment les maîtres des lycées et des Facultés.

Il n'y a point, d'ailleurs, entre la conception d'une Ecole normale et celle des Universités (en particulier de l'Université de Paris) l'opposition et l'incompatibilité que certaines personnes affirment par une vue abstraite et théorique des choses. C'est ce que l'application du décret de 1903, si imparfaite qu'elle ait été, a bien mis en lumière. L'Ecole normale a été dépouillée de tout ce qui jadis l'assimilait à une Faculté; elle a perdu son cadre particulier de professeurs, et, du moins pour les lettres, ses enseignements intérieurs. Il a été établi, en principe, que ses élèves n'étaient plus qu'une catégorie d'étudiants de l'Université de Paris, celle des étudiants en lettres et en sciences pourvus, à la suite d'un concours, de bourses et de pensions de l'Etat. L'Ecole semblait donc ne subsister que par son réfectoire et ses dortoirs : l'*hôtel garni*.

Eh bien! l'expérience des vingt dernières années a montré qu'en dépit de tous les maîtres illustres qui ont été appelés à y enseigner, l'Ecole ne consistait pas, comme une Université, dans son corps de professeurs. On a pu lui retirer ses maîtres; elle a continué d'exister avec la même intensité.

C'est que l'Ecole normale est essentiellement dans ses élèves. Ce qui la constitue c'est la vie commune de 100 à 170 jeunes gens (selon les époques), triés par un concours sévère entre les meilleurs élèves de l'enseignement secondaire et voués à l'étude de toutes les disciplines littéraires et scientifiques. Au moment où ces jeunes gens quittent le lycée et cessent de recevoir la culture générale qui s'y donne, au moment où ils s'enfoncent dans le travail de la spécialité, la vie commune de l'Ecole leur apporte une autre culture générale d'un ordre supérieur. Littérateurs, philologues, historiens, géographes, philosophes, mathématiciens, chimistes, physiciens, biologistes, géologues, des esprits de toutes formes sont en contact, en frottement continu, pendant trois ou quatre ans, se communiquent leurs acquisitions, s'entretiennent de leurs recherches, poussent à fond l'examen de toutes les idées et la critique de toutes les méthodes. Cette mêlée continuelle de spécialistes de tous les ordres retient l'individu de s'absorber dans la spécialité, sans l'empêcher d'y descendre jusqu'au fond; elle lui ouvre des vues sur tous les domaines où son travail personnel ne le ferait pas pénétrer, sur les derniers résultats acquis dans les sciences, et lui fait percevoir les liaisons secrètes qui existent entre les connaissances les plus éloignées. Il n'y a pas d'action d'un maître qui soit capable de procurer les avantages qui résultent de la circulation intense d'idées et des échanges actifs dont le milieu bouillonnant de l'Ecole normale est la condition nécessaire. La création ou le maintien d'un tel milieu, c'est là véritablement la fonction propre de l'Ecole normale et la justification de son existence. C'est dire que l'Ecole normale c'est l'internat. Peu importe que l'heure du lever ou du coucher soit moins rigoureusement déterminée, qu'on ait le droit de fumer ailleurs que dans les cours et à d'autres heures qu'aux heures de « récréation », que la porte reste ouverte du matin au soir : l'internat, même réduit et assoupli comme il l'est aujourd'hui, assure constamment la présence d'un groupe d'élèves suffisant pour que s'exerce la communication féconde des esprits.

Or, si l'on veut bien y réfléchir, cette chose qu'est l'Ecole normale est, dans notre enseignement supérieur, une chose unique. On n'y peut comparer, sans parler des écoles normales d'ordre primaire, que les séminaires de théologie et les Ecoles militaires. Les universités, même cette grande Université de Paris dont je m'honore d'être membre, ont des *étudiants*, rassemblent à leurs cours des auditoires très nombreux. Elles ne sont pas, leur destination n'est pas d'être, des *séminaires*.

Aussi longtemps que la maison de la rue d'Ulm gardera ses 120 internes, son activité et sa vitalité seront intactes. Ce n'est pas à dire que la suppression totale d'un personnel enseignant particulier à l'Ecole ait été sans inconvénients. Du côté des sciences, le remède s'est trouvé dans le fait qu'un certain nombre de professeurs et de maîtres de conférences de la Faculté des sciences ont toujours été affectés particulièrement aux enseignements de l'Ecole, et surtout dans l'activité de nos laboratoires dont les chefs, assistés de leurs préparateurs, dirigent de très près le travail des élèves. Du côté des lettres, rien ne s'est fait; ou, si l'on aime mieux, tout ce qui s'est fait jusqu'ici a été tout à fait insuffisant. Il y a quelque chose de paradoxal et de contradictoire à sélectionner chaque année par le concours une élite présumée d'étudiants, pour la rejeter immédiatement dans la masse, en la laissant se débrouiller comme elle pourra (sauf pour la vie matérielle : mais la vie matérielle est-elle tout ?). Les étudiants libres, d'ailleurs, ont le droit de prendre le temps qu'ils veulent pour faire leurs études d'Université et passer leurs examens. Les élèves de l'Ecole normale sont astreints, selon la spécialité de leurs études, à les terminer en trois ou en quatre ans. Ils ont besoin, pour arriver dans les délais prescrits, d'un contrôle assidu et d'une direction attentive qui les oblige à travailler beaucoup, et à travailler bien.

Je suis loin de réclamer qu'on rende à l'Ecole un corps spécial de professeurs qui, par l'âge et les titres, seraient les égaux des professeurs de la Sorbonne et dont la présence rue d'Ulm risquerait de faire renaître l'âpre et dangereuse rivalité à laquelle on a très bien fait de mettre une fin. Il est nécessaire qu'une très étroite liaison subsiste entre l'Ecole et les Facultés des lettres et des sciences de l'Université de Paris, que les normaliens continuent (comme il avait été d'ailleurs ordonné dès la fondation) d'aller recevoir l'enseignement de la Sorbonne. Mais il faudrait quelque chose de plus. Il faudrait à la section des lettres un corps peu nombreux d'agrégés répétiteurs, analogue au corps des préparateurs scientifiques : des jeunes gens récemment sortis de la filière des examens et concours, occupés déjà de travaux personnels, docteurs d'hier ou de demain, assez proches encore des élèves par l'âge pour obtenir leur confiance comme des camarades, assez distingués et assez mûrs pour s'imposer à eux comme des maîtres. Tous ceux qui ont passé par le périlleux et dur honneur d'enseigner à l'Ecole normale savent combien cet auditoire est exigeant, comme, à la longue, il épuise et vide le meilleur et plus robuste esprit. C'est un enseignement qui réclame, chez les professeurs, des forces et une ardeur intactes. Il ne faut pas leur laisser le temps de s'user, de perdre leur prise sur les intelligences ; il faut que, après quelques années d'effort extrême et de travail à fort rendement, ils aillent poursuivre ailleurs une carrière plus calme dans des fonctions moins dévorantes.

Si l'Ecole était pourvue d'un pareil organisme par un ministre bien inspiré, on pourrait être assuré que le rendement en serait le meilleur possible. En résolvant ainsi le problème épineux des enseignements intérieurs à l'Ecole normale, on ne ferait que la ramener à ses origines. Les premiers maîtres de conférences ont été les meilleurs élèves que l'on retenait, leurs études achevées, ou que l'on rappelait vite à l'Ecole, pour diriger et entraîner leurs camarades ; ou bien c'étaient de jeunes professeurs distingués, comme Michelet, dont le talent s'était affirmé de bonne heure, et qui ne paraissaient guère plus vieux que leurs élèves. Seul, le long sommeil de la Faculté des Lettres a fait dévier l'institution des maîtres de conférences de l'Ecole de son esprit primitif : il serait temps, et il serait bon, d'y revenir.

GUSTAVE LANSON.

IMPRIMERIE HACHETTE
: : 9, rue Stanislas, 9 : :
: : : PARIS-5-1925 : : :

BN

www.ingramcontent.com/pod-product-compliance
Ingram Content Group UK Ltd.
Pitfield, Milton Keynes, MK11 3LW, UK
UKHW020350220726
13923UKWH00004B/1602